HORN PART
Contents

		CD Tracks	
		Full Performances	Accompaniments
LA BOHÈME (The Bohemian Life)			
2	Quando men vo (When I go out)	1	11
LA FANCIULLA DEL WEST (The Girl of the Golden West)			
3	Ch'ella mi creda (Let her believe)	2	12
GIANNI SCHICCHI			
4	O mio babbino caro (O my beloved daddy)	3	13
MADAMA BUTTERFLY			
5	Un bel dì, vedremo (One fine day, he will return)	4	14
MANON LESCAUT			
6	In quelle trine morbide (In those soft curtains)	5	15
SUOR ANGELICA (Sister Angelica)			
7	Senza mamma (Without a mother)	6	16
TOSCA			
8	Recondita armonia (Secret harmonies)	9	19
9	Vissi d'arte (I lived for art)	8	18
10	E lucevan le stelle (And the stars were shining)	7	17
TURANDOT			
11	Nessun dorma (None shall sleep)	10	20

ISBN 0-634-04638-1

RICORDI
DISTRIBUTED BY

7777 W. BLUEMOUND RD. P.O. BOX 13819 MILWAUKEE, WI 53213

Quando men vo
(When I go out)
LA BOHÈME
(The Bohemian Life)

Giacomo Puccini

F HORN

Ch'ella mi creda
(Let her believe)

F HORN

LA FANCIULLA DEL WEST
(The Girl of the Golden West)

Giacomo Puccini

Andante molto lento

O mio babbino caro
(O my beloved daddy)
GIANNI SCHICCHI

Giacomo Puccini

F HORN

4

Un bel dì, vedremo
(One fine day, he will return)
MADAMA BUTTERFLY

Giacomo Puccini

F HORN

In quelle trine morbide
(In those soft curtains)
MANON LESCAUT

Giacomo Puccini

F HORN

Senza mamma
(Without a mother)
SUOR ANGELICA
(Sister Angelica)

Giacomo Puccini

F HORN

Recondita armonia
(Secret harmonies)

TOSCA

F HORN

Giacomo Puccini

Vissi d'arte
(I lived for art)
TOSCA

Giacomo Puccini

F HORN

E lucevan le stelle
(And the stars were shining)
TOSCA

F HORN

Giacomo Puccini

Nessun dorma
(None shall sleep)
TURANDOT

Giacomo Puccini

F HORN

Senza mamma
(Without a mother)

SUOR ANGELICA
(Sister Angelica)

Giacomo Puccini

Recondita armonia
(Secret harmonies)
TOSCA

Giacomo Puccini

Vissi d'arte
(I lived for art)

TOSCA

Giacomo Puccini

E lucevan le stelle
(And the stars were shining)
TOSCA

Giacomo Puccini

Nessun dorma
(None shall sleep)
TURANDOT

Giacomo Puccini